A Very Dutch Christmas: Magical Bilingual Stories in Dutch and English

Pomme Bilingual

Published by Pomme Bilingual, 2024.

While every precaution has been taken in the preparation of this book, the publisher assumes no responsibility for errors or omissions, or for damages resulting from the use of the information contained herein.

A VERY DUTCH CHRISTMAS: MAGICAL BILINGUAL STORIES IN DUTCH AND ENGLISH

First edition. November 27, 2024.

ISBN: 979-8230443193

Written by Pomme Bilingual.

Table of Contents

De Kerstgans van Goedewaarde

In het pittoreske dorpje Goedewaarde, niet ver van de glooiende rivieren en met sneeuw bedekte velden, leefde een ondeugende gans genaamd Gijs. Gijs stond bekend als de grootste lastpost van het dorp. Als er een waslijn op mysterieuze wijze naar beneden kwam, een mand vol appels werd omgestoten, of een kerstboom onverwacht kaalgeplukt werd, wist iedereen wie de boosdoener was: Gijs de gans.

"Gijs, je bent een plaag!" riep bakker Jan boos toen hij zag hoe Gijs een brood uit zijn kraam pikte op de kerstmarkt. Maar Gijs gaf nooit echt om wat mensen van hem vonden. Hij waggelde trots rond in het dorp, zijn witte veren glinsterend in de winterzon, terwijl hij nieuwe manieren bedacht om chaos te veroorzaken.

Het was Kerstavond, en het hele dorp bereidde zich voor op het grote kerstfeest. Gezinnen kwamen samen rond tafels vol lekkernijen zoals kerstkransjes, speculaas, en stoofpotten. Maartje en Lukas, broer en zus, waren in de keuken bezig om hun moeder te helpen. Ze maakten de beroemde kerstpudding van hun oma, een traditie die al generaties lang werd doorgegeven.

Plotseling ging de deur open en kwam een ijzige wind naar binnen. "Wat een sneeuwstorm!" zei Lukas terwijl hij naar buiten keek. Het leek alsof de hele wereld was verdwenen onder een dikke laag sneeuw.

Maar toen kwam het probleem: de helft van het kersteten stond nog in de schuur achter het huis, en door de sneeuwstorm konden Maartje en Lukas er niet heen. "Hoe krijgen we alles op tijd hier?" vroeg Maartje wanhopig.

Net toen ze zich afvroegen wat ze moesten doen, verscheen Gijs in de deuropening. Hij keek hen aan met zijn kraaloogjes en kwaakte luid. "Gijs? Kun jij ons helpen?" vroeg Lukas aarzelend, niet zeker of de ondeugende gans hen serieus zou nemen.

Tot hun verbazing waggelde Gijs meteen naar buiten. Hij ploeterde door de sneeuw en vond al snel een mand met appels die in de schuur stond. Met zijn sterke snavel pakte hij de mand vast en trok die langzaam richting het huis. Maartje en Lukas keken elkaar verbaasd aan en renden naar buiten om hem te helpen. Samen haalden ze de kerstpudding, een grote ham en zelfs een mand met kerstkransjes binnen.

Toen alle gerechten veilig in de keuken stonden, klopten Maartje en Lukas de sneeuw van hun kleren en gaven Gijs een groot stuk brood als beloning. "Je bent een echte held, Gijs!" zei Maartje terwijl ze hem over zijn zachte veren aaide. Gijs kwaakte trots en waggelde naar de haard, waar hij tevreden neerplofte.

Die avond, tijdens het kerstfeest, vertelde Lukas het hele verhaal aan de gasten. Iedereen lachte en applaudisseerde voor Gijs, die inmiddels tevreden lag te slapen naast de warme haard.

En vanaf die dag werd Gijs niet langer gezien als de plaag van Goedewaarde, maar als de held van Kerstavond.

De volgende jaren werd het een traditie in Goedewaarde om een broodkrans aan Gijs te geven tijdens het kerstfeest. Want zonder hem zou die ene magische Kerstavond nooit zo bijzonder zijn geweest.

The Christmas Goose of Goedewaarde

In the picturesque village of Goedewaarde, not far from the rolling rivers and snow-covered fields, lived a mischievous goose named Gijs. Gijs was known as the biggest troublemaker in the village. Whenever a clothesline mysteriously fell down, a basket of apples was knocked over, or a Christmas tree was unexpectedly stripped bare, everyone knew who the culprit was: Gijs the goose.

"Gijs, you're a menace!" yelled baker Jan angrily when he saw Gijs stealing a loaf of bread from his stall at the Christmas market. But Gijs never really cared what people thought of him. He waddled proudly around the village, his white feathers shimmering in the winter sun, always coming up with new ways to cause chaos.

It was Christmas Eve, and the whole village was preparing for the grand Christmas feast. Families gathered around tables full of treats like Christmas wreaths, speculaas cookies, and stews. Maartje and Lukas, brother and sister, were in the kitchen helping their mother. They were making their grandmother's famous Christmas pudding, a tradition passed down through generations.

Suddenly, the door swung open, and a freezing wind blew inside. "What a snowstorm!" Lukas said, peering out the window. It seemed as though the entire world had disappeared under a thick blanket of snow.

But then came the problem: half of the Christmas food was still in the shed behind the house, and due to the snowstorm, Maartje and Lukas couldn't get to it. "How are we going to get everything here on time?" Maartje asked desperately.

Just as they were wondering what to do, Gijs appeared in the doorway. He looked at them with his beady eyes and quacked loudly. "Gijs? Can you help us?" Lukas asked hesitantly, unsure if the mischievous goose would take them seriously.

To their surprise, Gijs waddled straight outside. He trudged through the snow and quickly found a basket of apples that had been left in the shed. With his strong beak, he grabbed the basket and slowly dragged it toward the house. Maartje and Lukas exchanged astonished looks and ran outside to help him. Together, they brought in the Christmas pudding, a big ham, and even a basket of Christmas wreaths.

When all the dishes were safely in the kitchen, Maartje and Lukas knocked the snow off their clothes and gave Gijs a big piece of bread as a reward. "You're a real hero, Gijs!" Maartje said, gently petting his soft feathers. Gijs quacked proudly and waddled over to the fireplace, where he plopped down contentedly.

That evening, during the Christmas feast, Lukas told the whole story to the guests. Everyone laughed and applauded Gijs, who was now happily sleeping next to the warm fire.

And from that day on, Gijs was no longer seen as the troublemaker of Goedewaarde, but as the hero of Christmas Eve.

In the following years, it became a tradition in Goedewaarde to give Gijs a bread wreath during the Christmas feast. Because without him, that one magical Christmas Eve would never have been so special.

De Kerstsneeuwpop en de Verloren Ster

In een klein, besneeuwd dorpje, omringd door hoge dennenbomen en glinsterende velden, leefde een jongen genaamd Tijn. Het was bijna Kerstavond, en het hele dorp was druk bezig met het optuigen van de grote kerstboom op het dorpsplein. Maar er was één probleem: de ster die elk jaar de boom kroonde, was verdwenen. Niemand wist waar hij was gebleven.

"Wat is een kerstboom zonder ster?" zuchtte Tijn terwijl hij uit het raam keek naar de dorpelingen die zich zorgen maakten. Hij wilde graag helpen, maar wat kon een jongen als hij doen?

Tijn besloot naar buiten te gaan en in de sneeuw te spelen. Hij rolde drie grote sneeuwballen en stapelde ze op elkaar. Met een wortel voor de neus, steenkool voor de ogen en een oude sjaal uit de kast, maakte hij een prachtige sneeuwpop. "Ik noem je Onno," zei Tijn trots. "Jammer dat je niet echt kunt helpen."

Maar die nacht, toen de klokken middernacht sloegen, begon Onno te bewegen. Zijn ogen knipperden, en hij schudde de sneeuw van zich af. "Goedemorgen, Tijn," zei Onno met een warme glimlach. "Ik hoorde dat jullie een ster missen. Laten we er samen een vinden!"

Tijn kon zijn ogen niet geloven. "Je bent... levend!" riep hij uit. Maar voordat hij meer vragen kon stellen, kwam zijn vriendin

Lotte aanrennen. "Tijn! Ik zag alles vanuit mijn raam. Wat gebeurt hier?"

"Dit is Onno," zei Tijn. "Hij is magisch, en hij wil ons helpen de ster te vinden."

Lotte, nieuwsgierig en avontuurlijk, besloot meteen mee te gaan. "Laten we naar het bos gaan," stelde ze voor. "Misschien is de ster daar gevallen."

Het trio vertrok het donkere bos in. De maan verlichtte hun pad, en de sneeuw kraakte onder hun voeten. Ze hoorden de wind fluisteren door de bomen en zagen kleine dieren die hen nieuwsgierig aankeken. Maar het bos leek eindeloos.

Plotseling hoorde Onno iets. "Luister! Een bel!" zei hij terwijl hij zijn hoofd draaide. Ze volgden het geluid en vonden een kleine vos met een bel in zijn bek.

"Hallo daar," zei Lotte vriendelijk. "Heb jij misschien een ster gezien?"

De vos knikte en leidde hen dieper het bos in, naar een open plek waar een oude uil in een hoge boom zat.

"Ah, jullie zoeken de ster," zei de uil wijs. "De wind heeft hem hierheen geblazen, maar hij hangt nu vast in de hoogste tak van deze boom."

De ster schitterde hoog in de boomtop, maar het was onmogelijk voor Tijn en Lotte om erbij te komen. Onno keek naar zijn eigen lange armen en glimlachte. "Laat mij maar," zei hij. Met een beetje hulp van de vos en Tijn klom Onno voorzichtig omhoog.

Zijn magische sneeuwlichaam was sterk genoeg om de takken te weerstaan.

Toen hij eindelijk de ster bereikte, gaf hij hem voorzichtig aan Lotte, die hem opving met een grote glimlach. "We hebben hem!" riep ze uit.

Met de ster veilig in hun handen keerden ze terug naar het dorp. De eerste zonnestralen begonnen al te glinsteren op de sneeuw toen ze aankwamen. De dorpelingen, die zich zorgen hadden gemaakt, juichten toen ze de kinderen en Onno met de ster zagen aankomen.

Met een gezamenlijke inspanning hingen ze de ster weer boven in de kerstboom. Zodra de ster op zijn plek stond, begon hij magisch te glanzen, en het hele dorp werd verlicht door een zacht, warm licht.

Onno keek naar de boom en glimlachte tevreden. "Het is tijd voor mij om te gaan," zei hij tegen Tijn en Lotte. "Maar volgend jaar Kerstavond zal ik er weer zijn."

Tijn en Lotte knikten, hoewel ze hem met tegenzin zagen vertrekken. "Tot volgend jaar, Onno," zei Tijn terwijl hij zijn nieuwe vriend omhelsde.

Toen de zon volledig opkwam, smolt Onno langzaam weg, maar de herinnering aan hun avontuur bleef bij Tijn, Lotte en het hele dorp. En de ster bleef stralen, jaar na jaar, als symbool van vriendschap en magie.

The Christmas Snowman and the Lost Star

In a small, snowy village surrounded by tall pine trees and sparkling fields, there lived a boy named Tijn. It was almost Christmas Eve, and the whole village was busy decorating the large Christmas tree in the town square. But there was one problem: the star that crowned the tree every year had disappeared. No one knew where it had gone.

"What is a Christmas tree without a star?" sighed Tijn as he looked out the window at the worried villagers. He wanted to help, but what could a boy like him do?

Tijn decided to go outside and play in the snow. He rolled three large snowballs and stacked them on top of each other. With a carrot for the nose, coal for the eyes, and an old scarf from the cupboard, he made a beautiful snowman. "I'll call you Onno," Tijn said proudly. "Too bad you can't really help."

But that night, when the clock struck midnight, Onno began to move. His eyes blinked, and he shook the snow off himself. "Good morning, Tijn," Onno said with a warm smile. "I heard you're missing a star. Let's go find it together!"

Tijn could hardly believe his eyes. "You're... alive!" he exclaimed. But before he could ask more questions, his friend Lotte came running up. "Tijn! I saw everything from my window. What's going on here?"

"This is Onno," Tijn explained. "He's magical, and he wants to help us find the star."

Lotte, curious and adventurous, decided to join them right away. "Let's go to the forest," she suggested. "Maybe the star fell there."

The trio ventured into the dark forest. The moonlight lit their way, and the snow crunched beneath their feet. They heard the wind whispering through the trees and saw small animals peeking at them curiously. But the forest seemed endless.

Suddenly, Onno heard something. "Listen! A bell!" he said, turning his head. They followed the sound and found a small fox with a bell in its mouth.

"Hello there," said Lotte kindly. "Have you seen a star?"

The fox nodded and led them deeper into the forest to a clearing where an old owl sat in a tall tree.

"Ah, you're looking for the star," said the owl wisely. "The wind blew it here, but now it's stuck in the highest branch of this tree."

The star glistened high in the tree, but it was impossible for Tijn and Lotte to reach it. Onno looked at his long arms and smiled. "Let me handle this," he said. With a little help from the fox and Tijn, Onno carefully climbed up. His magical snow body was strong enough to withstand the branches.

When he finally reached the star, he gently handed it to Lotte, who caught it with a big smile. "We've got it!" she shouted.

With the star safely in their hands, they returned to the village. The first rays of the sun were already glittering on the snow when they arrived. The villagers, who had been worried, cheered when they saw the children and Onno with the star.

With a joint effort, they placed the star back atop the Christmas tree. As soon as the star was in its place, it began to glow magically, and the whole village was bathed in a soft, warm light.

Onno looked at the tree and smiled contentedly. "It's time for me to go," he said to Tijn and Lotte. "But I'll be back next year on Christmas Eve."

Tijn and Lotte nodded, though they reluctantly saw him go. "See you next year, Onno," said Tijn as he hugged his new friend.

When the sun had fully risen, Onno slowly melted away, but the memory of their adventure stayed with Tijn, Lotte, and the whole village. And the star continued to shine, year after year, as a symbol of friendship and magic.

De Grote Nederlandse Kerstkoekjeswedstrijd

Het was Kerstmis in Haarlem, en de straten waren gevuld met de geur van kaneel, gember en versgebakken koekjes. Elk jaar organiseerde het stadje de Grote Kerstkoekjeswedstrijd, waar iedereen zijn beste kerstkransjes en speculaas kon bakken. Maar er was één probleem: niemand kon winnen van de mysterieuze bakker Klaas.

"Klaas wint elk jaar!" zuchtte Anouk terwijl ze met haar vrienden Joris en Linde door de markt liep. "Ik wed dat hij een geheim ingrediënt heeft. Hoe kan hij anders altijd de beste zijn?"

"Misschien is hij gewoon heel goed," zei Joris.

"Of misschien heeft hij hulp van magie," voegde Linde fluisterend toe, haar ogen groot van opwinding.

Dit jaar besloot Anouk dat het anders moest. "We gaan hem uitdagen," zei ze vastberaden. "Wij kunnen ook geweldige koekjes bakken! Met een beetje teamwork kunnen we hem verslaan."

Joris en Linde stemden enthousiast in, hoewel ze een beetje zenuwachtig waren. "Maar hoe maken we koekjes die beter zijn dan die van Klaas?" vroeg Joris.

"We gebruiken de beste recepten van onze oma's," zei Anouk. "En we voegen een vleugje eigen creativiteit toe."

De kinderen begonnen meteen met plannen. Ze bezochten oma's, tantes en zelfs de bibliotheek om oude recepten te vinden. Speculaaskruiden, amandelen en boter werden zorgvuldig afgemeten, en de keuken van Anouk veranderde in een chaos van deeg, bloem en kaneel.

Toen de dag van de wedstrijd aanbrak, stonden de kinderen vol spanning op het dorpsplein. De kraampjes waren versierd met kerstlichtjes, en iedereen keek uit naar de koekjesproeverij. Midden op het plein stond Klaas, met zijn witte schort en hoge koksmuts, klaar om opnieuw de winnaar te worden.

"Klaas!" riep Anouk terwijl ze dapper naar voren stapte. "Wij dagen je uit voor een bake-off. Jij tegen ons, om te zien wie de beste koekjes van Haarlem kan maken."

Klaas keek hen verbaasd aan, maar toen verscheen er een glimlach op zijn gezicht. "Nou, dat is interessant," zei hij. "Ik accepteer jullie uitdaging. Maar wees gewaarschuwd, kinderen, ik ben niet zomaar een bakker."

De wedstrijd begon. Elk team had twee uur om hun koekjes te bakken. Klaas werkte snel en precies, zijn handen bewogen als die van een kunstenaar. Zijn deeg leek perfect, en de geur van zijn speculaas verspreidde zich al snel over het plein.

Ondertussen werkten Anouk, Joris en Linde samen als een goed geoliede machine. Anouk maakte het deeg, Joris rolde het uit, en Linde decoreerde de koekjes met kleine amandelen en suikerparels. Ze voegden ook een geheim ingrediënt toe: een vleugje sinaasappelschil, een tip van Linde's oma.

"We moeten ervoor zorgen dat onze koekjes niet alleen lekker zijn, maar ook uniek," fluisterde Anouk terwijl ze de bakplaat in de oven schoof.

Toen de tijd om was, stonden de koekjes van elk team netjes uitgestald. De jury, bestaande uit drie dorpsoudsten, proefde eerst de koekjes van Klaas. Ze knikten goedkeurend. "Zoals altijd uitstekend," zei een van hen.

Toen kwamen de koekjes van Anouk en haar vrienden aan de beurt. De jury nam een hap en keek verrast op. "Deze smaken zijn... anders," zei een ander jurylid. "De kruiden zijn perfect, en de sinaasappelschil geeft een frisse twist."

Het plein viel stil terwijl de jury hun oordeel besprak. Uiteindelijk stonden ze op en kondigden de uitslag aan. "Het was een moeilijke keuze, maar de winnaar van dit jaar is... het team van Anouk!"

Het plein barstte uit in gejuich. Klaas stapte naar voren en glimlachte breed. "Gefeliciteerd, kinderen," zei hij. "Jullie hebben bewezen dat teamwork en creativiteit de sleutel zijn tot succes. En eerlijk gezegd ben ik blij dat er eindelijk wat concurrentie is!"

Hij leunde naar voren en fluisterde: "Mijn geheim ingrediënt? Liefde en aandacht voor elk koekje. Dat hebben jullie ook. Goed gedaan."

Die avond vierde het hele dorp feest. De koekjes van Anouk, Joris en Linde werden uitgedeeld, en Klaas deelde zelfs zijn eigen koekjes uit als troostprijs. Het werd een Kerstmis om nooit te vergeten, en vanaf dat jaar werd de Grote Kerstkoekjeswedstrijd een eerlijke strijd waar iedereen van genoot.

The Great Dutch Christmas Cookie Contest

It was Christmas in Haarlem, and the streets were filled with the scent of cinnamon, ginger, and freshly baked cookies. Every year, the town held the Great Christmas Cookie Contest, where everyone could bake their best Christmas wreath cookies and speculaas. But there was one problem: no one could ever win against the mysterious baker Klaas.

"Klaas wins every year!" sighed Anouk as she walked through the market with her friends Joris and Linde. "I bet he has a secret ingredient. How else can he always make the best cookies?"

"Maybe he's just really good," said Joris.

"Or maybe he has some magical help," Linde added, her eyes wide with excitement.

This year, Anouk decided it had to be different. "We're going to challenge him," she said determinedly. "We can bake amazing cookies too! With a little teamwork, we can beat him."

Joris and Linde eagerly agreed, though they were a little nervous. "But how do we make cookies that are better than Klaas's?" asked Joris.

"We'll use the best recipes from our grandmas," Anouk said. "And we'll add a touch of our own creativity."

The kids immediately started planning. They visited grandmas, aunts, and even the library to find old recipes. Speculaas spices, almonds, and butter were carefully measured, and Anouk's kitchen turned into a chaotic mess of dough, flour, and cinnamon.

When the day of the contest arrived, the children stood excitedly in the town square. The stalls were decorated with Christmas lights, and everyone was eagerly awaiting the cookie tasting. In the middle of the square stood Klaas, wearing his white apron and tall chef's hat, ready to win once again.

"Klaas!" Anouk called as she bravely stepped forward. "We challenge you to a bake-off. You against us, to see who can make the best cookies in Haarlem."

Klaas looked at them in surprise, but then a smile appeared on his face. "Well, this is interesting," he said. "I accept your challenge. But beware, children, I'm not just any baker."

The competition began. Each team had two hours to bake their cookies. Klaas worked quickly and precisely, his hands moving like those of an artist. His dough looked perfect, and the scent of his speculaas soon filled the square.

Meanwhile, Anouk, Joris, and Linde worked together like a well-oiled machine. Anouk made the dough, Joris rolled it out, and Linde decorated the cookies with little almonds and sugar pearls. They also added a secret ingredient: a hint of orange peel, a tip from Linde's grandma.

"We need to make sure our cookies are not only delicious but unique," Anouk whispered as she slid the baking sheet into the oven.

When the time was up, the cookies from each team were neatly displayed. The jury, made up of three village elders, first tasted Klaas's cookies. They nodded approvingly. "As always, excellent," one of them said.

Then it was time for Anouk and her friends' cookies. The jury took a bite and looked up in surprise. "These flavors are... different," said another judge. "The spices are perfect, and the orange peel gives a fresh twist."

The square fell silent as the jury discussed their decision. Finally, they stood up and announced the results. "It was a tough choice, but the winner this year is... Anouk's team!"

The square erupted in cheers. Klaas stepped forward and smiled broadly. "Congratulations, children," he said. "You've proven that teamwork and creativity are the keys to success. And honestly, I'm glad there's finally some competition!"

He leaned in and whispered, "My secret ingredient? Love and care for every cookie. You have that too. Well done."

That evening, the whole village celebrated. Anouk, Joris, and Linde's cookies were shared, and Klaas even handed out his own cookies as a consolation prize. It was a Christmas to remember, and from that year on, the Great Christmas Cookie Contest became a fair competition that everyone could enjoy.

De Magische Kerstlantaarn

———

Het was een koude decembermiddag toen Max in de stoffige zolder van hun oude huis aan het rommelen was. Terwijl hij dozen vol kerstballen en oude speelgoedtreinen doorzocht, viel zijn oog op een oude, versleten lantaarn in de hoek. De lantaarn was bedekt met spinnenwebben en leek al jaren niet meer gebruikt te zijn.

"Sophie! Kom eens kijken wat ik heb gevonden!" riep hij naar beneden. Zijn zus Sophie rende de trap op, nieuwsgierig naar wat Max nu weer ontdekt had.

"Het is maar een oude lantaarn," zei ze, terwijl ze haar neus ophaalde. "Wat is daar nou bijzonder aan?"

"Ik weet het niet," zei Max terwijl hij de lantaarn voorzichtig oppakte. "Maar er is iets speciaals aan. Ik voel het gewoon."

Die avond, toen iedereen in bed lag, kon Max zijn nieuwsgierigheid niet langer bedwingen. Hij sloop naar beneden met de lantaarn en stak hem aan. Tot zijn verbazing begon de kamer te glinsteren met een zacht, warm licht. Maar dat was niet alles: in het licht verschenen beelden, alsof hij door een raam naar het verleden keek.

Hij zag zijn dorp, jaren geleden, vol met feestelijke lichtjes, zingende mensen en kinderen die schaatsen op de bevroren vijver. Het leek een scène uit een sprookje.

"Max, wat ben je aan het doen?" fluisterde Sophie, die hem betrapte.

"Kijk!" zei Max, wijzend naar de beelden in het licht. "Deze lantaarn laat ons het verleden zien. Dit is ons dorp, Sophie, maar het is... anders."

Sophie keek ademloos toe. "Het lijkt alsof iedereen gelukkig was," zei ze zacht. "Niet zoals nu."

De afgelopen jaren was het dorp somber geworden. Niemand deed meer moeite om de huizen te versieren, en de traditionele Lichtjesavond was al jaren niet meer gevierd. Zelfs opa, die altijd van kerst hield, leek het opgegeven te hebben.

"Misschien kan deze lantaarn ons helpen ontdekken waarom het dorp zijn kerstgeest is verloren," zei Max. Sophie knikte vastberaden. "We moeten opa om hulp vragen. Hij weet vast meer."

De volgende ochtend vertelden Max en Sophie hun opa over de lantaarn en wat ze hadden gezien. Opa's ogen vulden zich met tranen toen hij de lantaarn zag.

"Dat is de lantaarn van je overgrootvader," zei hij. "Hij gebruikte hem om het dorp te leiden tijdens de Lichtjesavond. Het was een symbool van hoop en saamhorigheid."

Opa zuchtte diep. "Maar jaren geleden, na een zware storm, werden veel mensen in het dorp hun huizen uitgezet. Ze verloren hun hoop, en sindsdien is de kerstgeest langzaam verdwenen."

Max en Sophie besloten dat ze iets moesten doen. Ze gebruikten de lantaarn om meer beelden uit het verleden te zien. Ze zagen hoe de dorpsbewoners vroeger samenkwamen om te zingen, te lachen en elkaars huizen te versieren.

"We moeten de mensen eraan herinneren hoe het vroeger was," zei Sophie. "Misschien kunnen we de Lichtjesavond terugbrengen."

De kinderen begonnen een plan te maken. Ze vroegen hun vrienden om te helpen, en samen gingen ze van huis tot huis. Ze vertelden de mensen over de lantaarn en de beelden die ze hadden gezien. Langzaam begon het dorp mee te doen.

Op de avond van de vierde advent verzamelde het hele dorp zich op het plein. Max en Sophie stonden vooraan met de lantaarn in hun handen. Toen Max hem aanstak, verlichtte het zachte, warme licht de gezichten van iedereen.

Plotseling begonnen de kerkklokken te luiden, en het hele plein werd verlicht door honderden kleine lantaarns die de dorpsbewoners hadden meegenomen. Mensen begonnen te zingen, kinderen dansten, en de oude kerstgeest leek terug te keren.

Opa glimlachte trots. "Jullie hebben het gedaan," zei hij. "Jullie hebben het dorp weer hoop gegeven."

Die avond keek Max naar de lantaarn, die nu stralender leek dan ooit. Hij wist dat de magie niet alleen in de lantaarn zat, maar ook in de mensen die samenwerkten om iets moois te creëren.

Vanaf dat jaar werd de Lichtjesavond weer een jaarlijkse traditie in het dorp, en de lantaarn van Max en Sophie kreeg een ereplaats in de dorpskerk als symbool van hoop en saamhorigheid.

The Magical Christmas Lantern

It was a cold December afternoon when Max was rummaging through the dusty attic of their old house. While searching through boxes filled with Christmas baubles and old toy trains, his eye caught sight of an old, worn lantern in the corner. The lantern was covered with cobwebs and seemed to have been unused for years.

"Sophie! Come see what I've found!" he called downstairs. His sister Sophie ran up the stairs, curious about what Max had discovered this time.

"It's just an old lantern," she said, wrinkling her nose. "What's so special about it?"

"I don't know," Max replied, carefully picking up the lantern. "But there's something special about it. I can just feel it."

That evening, when everyone was in bed, Max couldn't contain his curiosity any longer. He sneaked downstairs with the lantern and lit it. To his surprise, the room began to sparkle with a soft, warm light. But that wasn't all: images began to appear in the light, as though he were looking through a window into the past.

He saw his village, years ago, full of festive lights, singing people, and children ice skating on the frozen pond. It looked like a scene from a fairytale.

"Max, what are you doing?" Sophie whispered, catching him.

"Look!" Max said, pointing at the images in the light. "This lantern is showing us the past. This is our village, Sophie, but it's... different."

Sophie watched in awe. "It looks like everyone was happy," she said softly. "Not like now."

In recent years, the village had become dull. No one bothered to decorate their houses anymore, and the traditional Light Evening hadn't been celebrated for years. Even Grandpa, who had always loved Christmas, seemed to have given up on it.

"Maybe this lantern can help us discover why the village lost its Christmas spirit," Max said. Sophie nodded determinedly. "We should ask Grandpa for help. He probably knows more."

The next morning, Max and Sophie told their Grandpa about the lantern and what they had seen. Grandpa's eyes filled with tears when he saw the lantern.

"That's your great-grandfather's lantern," he said. "He used it to lead the village during Light Evening. It was a symbol of hope and togetherness."

Grandpa sighed deeply. "But years ago, after a terrible storm, many people in the village were forced out of their homes. They lost their hope, and since then, the Christmas spirit has slowly faded."

Max and Sophie decided they needed to do something. They used the lantern to see more images from the past. They saw how the villagers used to come together to sing, laugh, and decorate each other's houses.

"We need to remind the people how it used to be," Sophie said. "Maybe we can bring back Light Evening."

The children began to make a plan. They asked their friends to help, and together they went from house to house. They told the villagers about the lantern and the images they had seen. Slowly, the village began to join in.

On the evening of the fourth Sunday of Advent, the whole village gathered in the square. Max and Sophie stood at the front with the lantern in their hands. When Max lit it, the soft, warm light illuminated everyone's faces.

Suddenly, the church bells began to ring, and the entire square was lit up by hundreds of small lanterns the villagers had brought. People began to sing, children danced, and the old Christmas spirit seemed to return.

Grandpa smiled proudly. "You did it," he said. "You've given the village hope again."

That evening, Max looked at the lantern, which now seemed brighter than ever. He knew that the magic wasn't just in the lantern, but in the people who worked together to create something beautiful.

From that year on, Light Evening became an annual tradition in the village, and Max and Sophie's lantern was given a place of honor in the village church as a symbol of hope and togetherness.

De Kersttrein naar de Noordpool

Het was kerstavond in Utrecht. Terwijl de straten glinsterden met lichtjes en mensen haastig hun laatste cadeaus kochten, viel Joris iets vreemds op bij het station. Tussen de gewone treinen stond een bijzondere, felverlichte trein met gouden letters op de zijkant: "Noordpool Express".

Joris wreef in zijn ogen. "Een trein naar de Noordpool? Dat kan toch niet echt zijn?" fluisterde hij tegen zichzelf. Nieuwsgierigheid overwon zijn twijfel. Hij sloop dichterbij en verstopte zich achter een paal. De conducteur, een lange man met een hoge hoed en een fonkelende lantaarn, stond glimlachend bij de ingang.

"Allemaal instappen! De Noordpool Express vertrekt over vijf minuten!" riep de conducteur.

Joris kon zich niet meer inhouden. Hij glipte langs de conducteur, sprong de trein in en vond een plekje in een lege coupé.

De trein zette zich in beweging met een zachte fluit. Terwijl Joris door het raam keek, veranderde het landschap. De stad Utrecht verdween, en sneeuwvlokken begonnen langs de ramen te dwarrelen. De trein leek door een magisch winterwonderland te rijden.

Plotseling ging de deur van de coupé open. Een meisje met rode wangen en een dikke muts stapte naar binnen. "Wat doe jij hier?" vroeg ze. "Ik ben Saar. Jij bent geen passagier, toch?"

Joris voelde zich betrapt. "Eh, ik zag de trein en wilde gewoon weten waar hij heen ging," zei hij snel. Saar lachte. "Dan hebben we iets gemeen. Ik ben ook stiekem meegegaan."

Voordat Joris iets kon zeggen, hoorde hij een vreemd geluid in de gang. "Grom, grom..."

De deur zwaaide open, en een enorme, witte ijsbeer stapte binnen. Joris verstijfde, maar Saar lachte. "Geen zorgen, dit is Bram. Hij is onze gids naar de Noordpool."

"Hallo," bromde Bram met een diepe stem. "We moeten klaar zijn voor een spannend avontuur. De reis naar de Noordpool is nooit zonder verrassingen."

Terwijl de trein verder reed, begon hij te schudden en te piepen. De conducteur verscheen in hun coupé. "We naderen de Grote IJstunnel," waarschuwde hij. "Maar er is een probleem. De tunnel is geblokkeerd door een enorme sneeuwhoop."

"We moeten iets doen!" riep Joris. "Hoe komen we anders bij de Noordpool?"

Bram grijnsde. "Gelukkig ben ik sterk genoeg om sneeuw te verplaatsen." Hij stapte uit de trein, gevolgd door Joris en Saar. Samen hielpen ze de sneeuw van de rails te scheppen. Saar gebruikte een lantaarn om hen te leiden, terwijl Bram grote hopen sneeuw met zijn klauwen wegduwde.

Na een uur hard werken was de tunnel vrij. "Goed teamwork," zei Bram trots. De trein kon weer verder.

Toen ze eindelijk de Noordpool bereikten, stond Joris met open mond te kijken. Het was een wonderlijke plek vol lichtjes, vrolijke elfen en glinsterende sneeuw. Midden op het plein stond een groot huis met een bordje: "Huis van de Kerstman."

Joris, Saar en Bram liepen naar binnen. Daar zat de Kerstman zelf, met zijn ronde buik en vriendelijke glimlach. "Welkom, kinderen. En hallo, Bram," zei hij. "Ik hoorde dat jullie geholpen hebben om de trein veilig hier te krijgen. Dat verdient een beloning."

De Kerstman gaf Joris en Saar elk een kleine gouden bel. "Deze bellen zijn magisch. Als je ze ooit nodig hebt, zullen ze je helpen. Maar onthoud, echte magie komt uit samenwerking en vriendschap."

De terugreis ging sneller dan verwacht. Voor ze het wisten, stonden Joris en Saar weer op het station in Utrecht. De Noordpool Express was verdwenen, maar de gouden bellen in hun handen herinnerden hen eraan dat het geen droom was.

"Dit was de beste kerstavond ooit," zei Saar terwijl ze Joris een high five gaf.

"Dat was het zeker," antwoordde Joris, met een grote glimlach op zijn gezicht.

En hoewel niemand hun verhaal geloofde, wisten Joris, Saar en Bram dat ze een avontuur hadden beleefd dat ze nooit zouden vergeten.

The Christmas Train to the North Pole

It was Christmas Eve in Utrecht. The streets sparkled with lights, and people hurriedly bought their last-minute gifts when Joris noticed something strange at the station. Among the regular trains, there was a special, brightly lit train with golden letters on the side: "North Pole Express."

Joris rubbed his eyes. "A train to the North Pole? That can't be real," he whispered to himself. Curiosity overcame his doubt. He crept closer and hid behind a post. The conductor, a tall man with a top hat and a shining lantern, was smiling at the entrance.

"All aboard! The North Pole Express departs in five minutes!" the conductor called out.

Joris couldn't hold back any longer. He slipped past the conductor, jumped onto the train, and found a seat in an empty carriage.

The train started with a soft whistle. As Joris looked out the window, the landscape began to change. The city of Utrecht vanished, and snowflakes started swirling around the windows. The train seemed to be driving through a magical winter wonderland.

Suddenly, the door to the carriage opened. A girl with rosy cheeks and a thick hat stepped inside. "What are you doing here?" she asked. "I'm Saar. You're not a passenger, are you?"

Joris felt caught. "Uh, I saw the train and just wanted to know where it was going," he quickly said. Saar laughed. "Then we have something in common. I snuck on too."

Before Joris could say anything, he heard a strange sound in the hallway. "Growl, growl..."

The door swung open, and a huge white polar bear stepped in. Joris froze, but Saar laughed. "Don't worry, this is Bram. He's our guide to the North Pole."

"Hello," rumbled Bram in a deep voice. "We must be ready for an exciting adventure. The journey to the North Pole is never without surprises."

As the train continued, it started shaking and creaking. The conductor appeared in their carriage. "We are approaching the Great Ice Tunnel," he warned. "But there's a problem. The tunnel is blocked by a huge snowdrift."

"We have to do something!" cried Joris. "How else will we get to the North Pole?"

Bram grinned. "Luckily, I'm strong enough to move snow." He stepped off the train, followed by Joris and Saar. Together, they began clearing the snow from the tracks. Saar used a lantern to guide them, while Bram pushed large snowdrifts away with his paws.

After an hour of hard work, the tunnel was clear. "Good teamwork," said Bram proudly. The train could continue on its way.

When they finally reached the North Pole, Joris stood in awe. It was a wondrous place full of lights, cheerful elves, and glittering snow. In the center of the square stood a large house with a sign that read: "Santa's House."

Joris, Saar, and Bram walked inside. There sat Santa Claus himself, with his round belly and friendly smile. "Welcome, children. And hello, Bram," he said. "I heard you helped bring the train safely here. That deserves a reward."

Santa gave Joris and Saar each a small golden bell. "These bells are magical. If you ever need them, they will help you. But remember, true magic comes from cooperation and friendship."

The return journey was quicker than expected. Before they knew it, Joris and Saar were back at the station in Utrecht. The North Pole Express had disappeared, but the golden bells in their hands reminded them that it hadn't been a dream.

"This was the best Christmas Eve ever," said Saar, giving Joris a high five.

"It certainly was," Joris replied, a big smile on his face.

And although no one believed their story, Joris, Saar, and Bram knew they had experienced an adventure they would never forget.

De Kerstelf Die Zijn Hoed Verloor

In het hart van Kerstdorp, waar de sneeuw altijd zacht glinsterde en de lucht naar kaneel rook, leefde een kleine elf genaamd Niek. Hij was niet zomaar een elf – Niek stond bekend als de meest creatieve speelgoedmaker van het dorp. Zijn speelgoed kon dansen, zingen en soms zelfs knipogen! Maar er was een geheim achter zijn magie: zijn speciale rode hoed met een gouden bel eraan.

"Zonder mijn hoed ben ik niets," zei Niek vaak. Het was waar, want de hoed gaf hem zijn inspiratie.

Op een koude ochtend, net voordat het grote kerstfeest zou beginnen, rende Niek in paniek door zijn werkplaats. "Waar is mijn hoed?!" riep hij uit terwijl hij dozen omgooide en onder zijn werkbank keek.

Zijn beste vriendin Vera, een vrolijk meisje met vlechten, kwam binnen gerend. "Wat is er aan de hand, Niek?" vroeg ze.

"Mijn hoed is weg! Hoe kan ik nu de laatste magische cadeaus maken?" zei Niek met tranen in zijn ogen.

Vera dacht even na. "Misschien heeft de wind hem meegenomen. Het was gisteravond erg stormachtig."

Niek knikte. "Dan moeten we hem vinden! Zonder die hoed is Kerstmis verloren."

Vera pakte haar warme jas en Niek sloeg een sjaal om. Samen vertrokken ze door het besneeuwde landschap, op zoek naar de verloren hoed. De sporen in de sneeuw leidden hen naar het donkere bos net buiten het dorp.

"Denk je dat hij hier is?" vroeg Vera, terwijl ze om zich heen keek.

"Ik hoop het," zei Niek. "Maar we moeten voorzichtig zijn. Dit bos zit vol verrassingen."

Plots hoorden ze een geritsel in de struiken. Een vos sprong tevoorschijn, met iets roods in zijn bek.

"Mijn hoed!" riep Niek. Maar voordat hij dichterbij kon komen, rende de vos weg.

"We hebben hulp nodig," zei Vera. "Laten we naar Opa Karel gaan."

Opa Karel was de wijze oude man van Kerstdorp. Hij wist alles van het bos en zijn bewoners. Ze vonden hem bij zijn hut, waar hij een groot vuur had gemaakt.

"Wat brengt jullie hier, kinderen?" vroeg hij met een warme glimlach.

Niek legde alles uit, en Opa Karel knikte begrijpend. "Die vos is Slimme Sjaak. Hij verzamelt graag mooie dingen. Maar hij is niet gemeen. Als jullie hem iets aanbieden wat hij nog mooier vindt, geeft hij de hoed misschien terug."

"Maar wat kunnen we hem geven?" vroeg Vera.

Opa Karel haalde een kleine, glinsterende sneeuwbol uit zijn zak. "Deze. Hij houdt van alles wat schittert."

Met de sneeuwbol in hun handen gingen Niek en Vera terug het bos in. Het duurde niet lang voordat ze Slimme Sjaak weer zagen. Vera hield de sneeuwbol omhoog. "Kijk eens wat we voor je hebben!"

De vos stopte, liet de hoed vallen en keek met grote ogen naar de sneeuwbol. Hij kwam dichterbij, pakte de bol voorzichtig met zijn bek en verdween in de struiken.

"Mijn hoed!" riep Niek blij. Hij zette hem meteen op en voelde de magie terugkomen. "Nu kan ik de cadeaus afmaken!"

Terug in Kerstdorp werkte Niek de hele nacht door. Met zijn hoed op maakte hij de mooiste cadeaus die het dorp ooit had gezien. Toen de ochtend kwam, stond alles klaar voor het grote kerstfeest.

Vera glimlachte naar Niek. "Zie je wel? Samen kunnen we alles oplossen."

Opa Karel kwam ook langs en gaf hen een knipoog. "Goed teamwork, kinderen. En vergeet nooit: magie zit niet alleen in je hoed, maar ook in je hart."

En zo werd het een Kerstmis om nooit te vergeten, met dank aan een kleine elf, een dapper meisje en een wijze oude man.

The Christmas Elf Who Lost His Hat

In the heart of Christmas Village, where the snow always sparkled softly and the air smelled of cinnamon, lived a little elf named Niek. He wasn't just any elf – Niek was known as the most creative toy maker in the village. His toys could dance, sing, and sometimes even wink! But there was a secret behind his magic: his special red hat with a golden bell attached to it.

"Without my hat, I am nothing," Niek often said. It was true, because the hat gave him his inspiration.

One cold morning, just before the big Christmas party was about to begin, Niek ran frantically through his workshop. "Where is my hat?!" he cried, as he knocked over boxes and looked under his workbench.

His best friend Vera, a cheerful girl with braids, came running in. "What's wrong, Niek?" she asked.

"My hat is gone! How am I supposed to make the last magical gifts now?" Niek said, tears in his eyes.

Vera thought for a moment. "Maybe the wind took it. It was very stormy last night."

Niek nodded. "Then we have to find it! Without that hat, Christmas is lost."

Vera grabbed her warm jacket, and Niek wrapped a scarf around his neck. Together, they set off through the snowy landscape, searching for the lost hat. The tracks in the snow led them to the dark forest just outside the village.

"Do you think it's here?" Vera asked, looking around.

"I hope so," said Niek. "But we have to be careful. This forest is full of surprises."

Suddenly, they heard rustling in the bushes. A fox jumped out, with something red in its mouth.

"My hat!" Niek exclaimed. But before he could get closer, the fox ran away.

"We need help," Vera said. "Let's go to Grandpa Karel."

Grandpa Karel was the wise old man of Christmas Village. He knew everything about the forest and its inhabitants. They found him at his cabin, where he had built a large fire.

"What brings you here, children?" he asked with a warm smile.

Niek explained everything, and Grandpa Karel nodded thoughtfully. "That fox is Smart Sjaak. He likes to collect beautiful things. But he's not mean. If you offer him something he finds even more beautiful, he might give the hat back."

"But what can we give him?" asked Vera.

Grandpa Karel pulled out a small, glittering snow globe from his pocket. "This. He loves anything that sparkles."

With the snow globe in hand, Niek and Vera returned to the forest. It wasn't long before they saw Smart Sjaak again. Vera held up the snow globe. "Look what we have for you!"

The fox stopped, dropped the hat, and stared with wide eyes at the snow globe. He came closer, gently took the globe in his mouth, and disappeared into the bushes.

"My hat!" Niek cried, happily. He immediately put it back on and felt the magic return. "Now I can finish the gifts!"

Back in Christmas Village, Niek worked all night long. With his hat on, he made the most beautiful gifts the village had ever seen. When morning came, everything was ready for the big Christmas celebration.

Vera smiled at Niek. "See? Together, we can solve anything."

Grandpa Karel came by too, giving them a wink. "Good teamwork, children. And never forget: magic is not only in your hat, but also in your heart."

And so, it became a Christmas to remember, thanks to a little elf, a brave girl, and a wise old man.

De Kerstboom Die Uit de Grond Groeide

In een klein dorpje, waar de winters koud en de straten bedekt waren met een dikke laag sneeuw, woonde een meisje genaamd Fieke. Fieke hield van Kerstmis, vooral van de versierde bomen die overal in het dorp stonden. Maar dit jaar leek er iets te ontbreken.

"De bomen zijn mooi," zei Fieke tegen haar opa Hendrik, terwijl ze samen door het dorp liepen, "maar ze voelen niet speciaal."

Opa Hendrik glimlachte en legde een hand op haar schouder. "Misschien moet je je eigen boom planten, eentje die écht bijzonder is."

Die middag ging Fieke naar de kleine tuin achter haar huis. Ze had een klein sparrenzaadje dat ze een tijdje geleden had gekregen van haar opa. Met haar handschoenen aan groef ze een gat in de bevroren grond en plantte het zaadje.

"Ik hoop dat je groeit," fluisterde ze, terwijl ze de aarde weer bedekte. "Misschien word je wel de mooiste kerstboom van allemaal."

Die nacht gebeurde er iets magisch. Terwijl Fieke sliep, begon het zaadje te groeien. En groeien. En groeien!

De volgende ochtend werd Fieke wakker van het geluid van verbaasde stemmen buiten. Toen ze naar buiten keek, kon ze haar ogen niet geloven. Midden in haar tuin stond de grootste, meest glinsterende kerstboom die ze ooit had gezien. De takken reikten hoog in de lucht, bedekt met een dun laagje sneeuw dat schitterde in de ochtendzon.

De dorpelingen kwamen snel kijken. "Hoe is dit mogelijk?" vroeg mevrouw Janssen.

"Dit is geen gewone boom," zei opa Hendrik met een twinkeling in zijn ogen. "Dit is een magische boom. Maar hij moet nog versierd worden."

Toen Fieke een stap dichterbij deed, verscheen er een glinsterend bordje aan de stam van de boom. Op het bordje stond:

"Versier me met geschenken van liefde."

"Wat betekent dat?" vroeg Fieke.

"Het betekent," zei opa Hendrik, "dat alleen cadeaus die met liefde zijn gegeven, deze boom kunnen versieren."

De dorpelingen begonnen ideeën te bedenken. Sommigen brachten glimmende ballen, anderen slingers van goud. Maar telkens wanneer ze iets ophingen, viel het meteen weer naar beneden.

"Misschien moeten we iets anders proberen," zei Fieke. Ze liep naar binnen en kwam terug met een klein houten sterretje dat ze vorig jaar met haar moeder had gemaakt. "Dit is speciaal voor mij," zei ze, terwijl ze het voorzichtig aan een tak hing.

Tot haar verbazing bleef het sterretje hangen, en het begon te glinsteren alsof het licht gaf.

"Ik weet het!" riep Fieke. "We moeten dingen ophangen die écht iets voor ons betekenen."

De kinderen uit het dorp begonnen mee te doen. Joris bracht een oude teddybeer die hij als baby had gekregen. Lotte hing een zelfgemaakte papieren slinger op die ze met haar broertjes had gemaakt. Zelfs de volwassenen deden mee.

Iedereen bracht iets dat belangrijk voor hen was, en de boom werd steeds mooier. De takken vulden zich met herinneringen, liefde, en glimlachen.

Toen de zon onderging, straalde de boom in het maanlicht. Het leek alsof de hele wereld even stil stond om naar deze magische boom te kijken.

Opa Hendrik keek trots naar Fieke. "Jij hebt dit mogelijk gemaakt, mijn meisje. Deze boom zal ons allemaal herinneren aan wat Kerstmis écht betekent."

Fieke glimlachte en keek naar de boom, die nu niet alleen vol versieringen zat, maar ook vol liefde en warmte. Het hele dorp verzamelde zich rond de boom, zong liedjes en vierde een Kerstmis om nooit te vergeten.

The Christmas Tree That Grew from the Ground

In a small village, where the winters were cold and the streets were covered with a thick layer of snow, lived a girl named Fieke. Fieke loved Christmas, especially the decorated trees that stood around the village. But this year, something seemed to be missing.

"The trees are beautiful," Fieke said to her Grandpa Hendrik as they walked through the village together, "but they don't feel special."

Grandpa Hendrik smiled and placed a hand on her shoulder. "Maybe you should plant your own tree, one that's really special."

That afternoon, Fieke went to the small garden behind her house. She had a little fir tree seed that she had gotten from her grandpa some time ago. With her gloves on, she dug a hole in the frozen ground and planted the seed.

"I hope you grow," she whispered as she covered the seed with soil. "Maybe you'll be the most beautiful Christmas tree of them all."

That night, something magical happened. While Fieke slept, the seed began to grow. And grow. And grow!

The next morning, Fieke woke up to the sound of astonished voices outside. When she looked out the window, she could hardly believe her eyes. In the middle of her garden stood the biggest, most sparkling Christmas tree she had ever seen. Its branches reached high into the sky, covered with a light layer of snow that glittered in the morning sun.

The villagers quickly gathered around to see. "How is this possible?" Mrs. Janssen asked.

"This is no ordinary tree," said Grandpa Hendrik with a twinkle in his eye. "This is a magical tree. But it still needs to be decorated."

When Fieke took a step closer, a sparkling sign appeared on the tree trunk. The sign read:

"Decorate me with gifts of love."

"What does that mean?" Fieke asked.

"It means," Grandpa Hendrik said, "that only gifts given with love can decorate this tree."

The villagers began to come up with ideas. Some brought shiny baubles, others brought gold garlands. But every time they hung something on the tree, it immediately fell back down.

"Maybe we need to try something else," Fieke said. She went inside and came back with a small wooden star that she had made with her mother last year. "This is special to me," she said as she carefully hung it on a branch.

To her surprise, the star stayed on the branch, and it began to sparkle as if it was giving off light.

"I know!" Fieke exclaimed. "We need to hang things that really mean something to us."

The children from the village began to join in. Joris brought an old teddy bear he had received as a baby. Lotte hung a handmade paper garland that she had made with her siblings. Even the adults joined in.

Everyone brought something that was important to them, and the tree became more and more beautiful. The branches filled with memories, love, and smiles.

As the sun set, the tree glowed in the moonlight. It felt as though the whole world stood still for a moment to gaze at this magical tree.

Grandpa Hendrik looked proudly at Fieke. "You made this possible, my girl. This tree will remind us all of what Christmas really means."

Fieke smiled and looked at the tree, which was now not only filled with decorations but also with love and warmth. The whole village gathered around the tree, singing songs and celebrating a Christmas that would never be forgotten.

Sinterklaas en de Verloren Brief

Het was de avond voor Sinterklaasavond, en Sinterklaas en zijn trouwe helper Zwarte Piet waren druk bezig met de voorbereidingen voor hun jaarlijkse reis. Overal in Nederland zouden ze cadeautjes afleveren, en de spanning was te voelen in de lucht. De zakken vol brieven van kinderen stonden klaar om te worden geopend, brieven vol wensen, gedichten en verlanglijstjes.

"Dit wordt weer een drukke nacht, Piet," zei Sinterklaas terwijl hij de brieven zorgvuldig sorteerde. "We hebben nog zoveel te doen!"

Zwarte Piet knikte enthousiast. "Ja, Sinterklaas! Maar we hebben al zoveel cadeautjes ingepakt, en de kinderen zullen blij zijn met alles wat we voor ze hebben."

Maar ineens viel Sinterklaas stil. Hij zocht door de stapels brieven, maar er was er één die hij niet kon vinden. "Piet," zei Sinterklaas met een frons, "waar is de brief van Anouk?"

Zwarte Piet keek verbaasd. "Anouk? Die lieve meisje die schreef dat ze Sinterklaas in het echt wilde ontmoeten?"

"Ja, haar brief moet hier ergens zijn!" zei Sinterklaas bezorgd. "Dit is een speciale wens. Ik moet haar helpen!"

Sinterklaas en Zwarte Piet besloten meteen op avontuur te gaan. Ze zouden door Nederland reizen om de verloren brief van

Anouk te vinden. Sinterklaas pakte zijn staf, Zwarte Piet nam de zak vol cadeaus, en samen stapten ze op hun magische paard Amerigo. Ze vertrokken de nacht in, op zoek naar de verloren brief.

Onderweg kwamen ze langs een betoverd bos waar de bomen fluisterden en de sterren fel aan de hemel stonden. "We moeten goed zoeken, Piet," zei Sinterklaas terwijl hij de donkere bossen in keek. "De brief van Anouk moet hier ergens zijn."

Plotseling verscheen er een glimlachende elf uit de schaduwen. "Zoek je iets, Sinterklaasje?" vroeg de elf met een ondeugende blik.

"We zoeken de brief van Anouk," antwoordde Zwarte Piet. "Heb jij hem misschien gezien?"

De elf giechelde. "Misschien... maar misschien moet je eerst een uitdaging aangaan om hem terug te krijgen!"

"Wat voor uitdaging?" vroeg Sinterklaas.

De elf zwaaide met zijn hand en ineens verscheen er een raadsel. "Als jullie het raadsel kunnen oplossen, krijg je de brief terug. Maar als je het niet kunt, verdwijn je voor altijd in dit betoverde bos!"

Sinterklaas dacht even na en zei toen: "We accepteren de uitdaging! Wat is het raadsel?"

De elf glimlachte breder. "Wat heeft vleugels, maar kan niet vliegen? Wat is groot, maar toch zo klein als een stip?"

Sinterklaas en Zwarte Piet dachten diep na. Ze keken naar elkaar en ineens kwam Zwarte Piet met het antwoord: "Een ster!"

De elf lachte hard en klapte in zijn handen. "Je hebt gelijk! Jullie hebben de uitdaging gewonnen. De brief van Anouk is jullie nu gegund."

En daar, tussen de bomen, verscheen de verloren brief van Anouk, glanzend in het maanlicht. Sinterklaas glimlachte en pakte de brief op. "We hebben de brief gevonden, Piet! Nu moeten we snel terug naar Anouk."

Met de brief in hun handen sprongen ze weer op Amerigo en vlogen door de lucht, op weg naar Anouk's huis. Ze kwamen precies op tijd aan, en Anouk stond al voor haar raam te wachten.

"Jullie zijn er!" riep ze opgewonden toen ze Sinterklaas en Zwarte Piet zag. "Ik kan het niet geloven!"

Sinterklaas glimlachte warm en zei: "Anouk, je wens is uitgekomen. Ik ben hier om je te ontmoeten!"

Zwarte Piet overhandigde de brief aan Anouk, en zij opende hem vol nieuwsgierigheid. Het was een speciaal bericht van Sinterklaas, waarin stond dat ze altijd welkom was in het Sinterklaasdorp en dat haar wens werd vervuld.

Anouk straalde van geluk. "Dank je wel, Sinterklaas! Dit is het mooiste cadeau ooit!"

Sinterklaas en Zwarte Piet gaven Anouk een klein cadeautje en vertrokken, maar niet zonder haar nog een laatste keer te groeten.

"Fijne Sinterklaasavond!" riep Sinterklaas terwijl hij in de lucht steeg. "Moge de magie van Sinterklaas je hart vullen met vreugde!"

En zo ging Sinterklaas verder, met Zwarte Piet en hun magische avontuur in hun herinneringen. De verloren brief was gevonden, en Anouk had haar wens om Sinterklaas in het echt te ontmoeten, vervuld. Dankzij teamwork, een beetje magie, en veel plezier vierden de kinderen een onvergetelijke Sinterklaasavond.

Sinterklaas and the Lost Letter

It was the night before Sinterklaasavond (Saint Nicholas' Eve), and Sinterklaas and his trusty helper Zwarte Piet were busy preparing for their annual journey. All over the Netherlands, they would be delivering gifts, and the excitement was in the air. The sacks full of letters from children were ready to be opened, letters filled with wishes, poems, and wish lists.

"This will be another busy night, Piet," said Sinterklaas as he carefully sorted the letters. "We still have so much to do!"

Zwarte Piet nodded eagerly. "Yes, Sinterklaas! But we've already packed so many gifts, and the children will be so happy with everything we have for them."

But suddenly, Sinterklaas stopped. He searched through the piles of letters, but there was one he couldn't find. "Piet," said Sinterklaas with a frown, "where is Anouk's letter?"

Zwarte Piet looked surprised. "Anouk? That sweet girl who wrote that she wanted to meet Sinterklaas in person?"

"Yes, her letter must be here somewhere!" said Sinterklaas, concerned. "This is a special wish. I have to help her!"

Sinterklaas and Zwarte Piet decided to go on an adventure right away. They would travel through the Netherlands to find Anouk's lost letter. Sinterklaas grabbed his staff, Zwarte Piet took the sack full of gifts, and together they mounted their magical horse, Amerigo. They set off into the night, on a mission to find the lost letter.

Along the way, they passed an enchanted forest where the trees whispered, and the stars shone brightly in the sky. "We must look carefully, Piet," said Sinterklaas as he gazed into the dark woods. "Anouk's letter must be here somewhere."

Suddenly, a smiling elf appeared from the shadows. "Are you looking for something, Sinterklaas?" asked the elf with a mischievous look.

"We're looking for Anouk's letter," replied Zwarte Piet. "Have you seen it?"

The elf giggled. "Maybe... but perhaps you first need to take on a challenge to get it back!"

"What kind of challenge?" asked Sinterklaas.

The elf waved his hand, and suddenly a riddle appeared. "If you can solve the riddle, you will get the letter back. But if you can't, you'll vanish forever in this enchanted forest!"

Sinterklaas thought for a moment and then said, "We accept the challenge! What is the riddle?"

The elf smiled wider. "What has wings but cannot fly? What is big, but as small as a dot?"

Sinterklaas and Zwarte Piet thought deeply. They looked at each other, and suddenly Zwarte Piet came up with the answer: "A star!"

The elf laughed loudly and clapped his hands. "You're right! You've won the challenge. Anouk's letter is now yours."

And there, among the trees, appeared Anouk's lost letter, glowing in the moonlight. Sinterklaas smiled and picked it up. "We found the letter, Piet! Now we need to get back to Anouk quickly."

With the letter in their hands, they hopped back onto Amerigo and flew through the air, heading towards Anouk's house. They arrived just in time, and Anouk was already waiting by her window.

"You're here!" she exclaimed excitedly when she saw Sinterklaas and Zwarte Piet. "I can't believe it!"

Sinterklaas smiled warmly and said, "Anouk, your wish has come true. I'm here to meet you!"

Zwarte Piet handed Anouk the letter, and she opened it with curiosity. It was a special message from Sinterklaas, saying that she was always welcome in Sinterklaasland and that her wish had been granted.

Anouk beamed with joy. "Thank you, Sinterklaas! This is the best gift ever!"

Sinterklaas and Zwarte Piet gave Anouk a small gift and left, but not without greeting her one last time.

"Happy Sinterklaasavond!" Sinterklaas called as he soared into the air. "May the magic of Sinterklaas fill your heart with joy!"

And so, Sinterklaas continued on, with Zwarte Piet and their magical adventure in their memories. The lost letter had been found, and Anouk had her wish to meet Sinterklaas in person come true. Thanks to teamwork, a little bit of magic, and lots of fun, the children celebrated an unforgettable Sinterklaasavond.